Bei mir blüht's!

Livi Gosling

DK

DK Penguin Random House

Illustrationen Livi Gosling
Text Satu Hämeenaho-Fox

Lektorat Carrie Love, Penny Smith, Francesca Young, Sarah Larter
Gestaltung und Bildredaktion Rachael Prokic, Eleanor Bates, Sif Norskov, Mabel Chan
Herstellung Abi Maxwell, Isabell Schart
Beratung Eleanor Richardson

Für die deutsche Ausgabe:
Verlagsleitung Monika Schlitzer
Programmleitung Heike Faßbender
Redaktionsleitung Martina Glöde
Projektbetreuung Janna Heimberg
Herstellungsleitung Dorothee Whittaker
Herstellungskoordination Leonie Herr
Herstellung Verena Marquart

Titel der englischen Originalausgabe:
My first garden

Übersetzung Wiebke Krabbe
Lektorat Elena Bruns

ISBN 978-3-8310-4827-4

Druck und Bindung Leo Paper Products, China

FSC www.fsc.org MIX Papier | Fördert gute Waldnutzung FSC® C018179

www.dk-verlag.de

Bitte zuerst lesen!

Sicherheit

- Wenn du ein rotes Warndreieck siehst, pass besonders gut auf oder lass dir von einem Erwachsenen helfen.
- Vorsicht am heißen Herd oder Backofen und mit heißen Töpfen oder Flüssigkeiten! Benutze immer Topflappen, wenn du etwas auf den Herd oder in den Ofen stellst oder herausnimmst. Und trage Gefäße mit heißen Flüssigkeiten immer mit Topflappen oder einem Geschirrtuch. Wenn du dich verbrennst, sag sofort einem Erwachsenen Bescheid.
- Sei besonders vorsichtig, wenn du mit scharfen Messern oder Scheren hantierst.
- Wenn du Chilis angefasst hast, wasche dir gründlich die Hände. Berühre auf keinen Fall Augen, Mund oder andere empfindliche Bereiche.

Wenn du dir bei etwas nicht ganz sicher bist, bitte immer einen Erwachsenen um Hilfe.

Hygiene

In der Küche und im Garten gibt es einige Spielregeln, die dabei helfen, dass Krankheitserreger dir nichts anhaben können.
- Wasche dir immer die Hände, bevor du etwas kochst.
- Wasche Schneidebretter nach jedem Gebrauch in heißem Seifenwasser ab.
- Halte deinen Arbeitsplatz sauber und lege ein Geschirrtuch bereit, um Verschüttetes gleich aufzuwischen.
- Achte auf das Verbrauchsdatum von Lebensmitteln.
- Wasche dir nach der Arbeit – vor allem nach der Gartenarbeit – gründlich die Hände.

Allergien

- Sei vorsichtig, wenn du Samen, Pflanzen und Gemüse anfasst. Manche Pflanzen sind giftig oder können Allergien auslösen. Achte darauf, dass deine Rezepte nichts enthalten, wogegen du allergisch bist, oder das deine Freundinnen und Freunde nicht essen können.

Wiegen und messen

Miss alle Zutaten für ein Rezept genau ab. Du kannst dafür Messlöffel, eine Waage oder einen Messbecher benutzen.
Unten siehst du, was die Abkürzungen in diesem Buch bedeuten.

g = Gramm
kg = Kilogramm
ml = Milliliter
cm = Zentimeter
TL = Teelöffel
EL = Esslöffel

Inhalt

Dein allererster Garten

Gärtnern macht Spaß

Und Gärtnern ist auch gar nicht schwer. Du brauchst nicht viel Platz und keine besonderen Werkzeuge. Ein Topf mit Erde und ein paar Samen genügen schon, damit die Welt ein bisschen schöner und grüner wird. Pflanzen machen gute Laune. Viele kannst du essen, und sie sind gesund.

Fang klein an und lerne langsam dazu!

Klein, aber oho!

Für viele Ideen in diesem Buch brauchst du nicht viel Platz. Manchmal genügt eine Tasse!

Es gibt viel zu entdecken

In diesem Buch lernst du, wie aus Samen Pflanzen werden und was die besten Pflanzen für deinen Garten sind. Du erfährst, wie du Pflanzen in Töpfe setzt, sie gießt und ihnen hilfst, groß und kräftig zu werden.

Dein eigener Garten wird Wirklichkeit!

Hallo, ich bin Livi!

Ich bin Zeichnerin und in meiner Freizeit gärtnere ich gern. Vor ein paar Jahren hatte ich nicht einmal einen Balkon, aber in meinem Schrebergarten konnte ich Pflanzen säen und ihnen beim Wachsen zuschauen. Das hat mir viel Freude gemacht und mich aufgemuntert, wenn ich Angst oder Sorgen hatte.

Dieses Buch habe ich geschrieben, damit du das auch erleben kannst.

Du wirst staunen, was mit ein paar Samen und einem Topf Erde möglich ist. Viel Spaß dabei!

Lies in diesem Kapitel,
was DU bewirken kannst.
Kein Garten entsteht
ohne einen Gärtner
oder eine Gärtnerin.

Säe einen Samen. Gieße ihn und warte ab …

Wir gärtnern

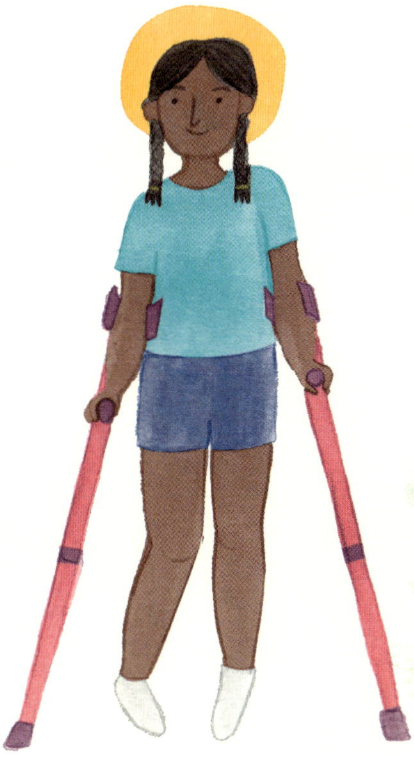

Willkommen im Garten!
In diesem Kapitel erfährst du,
wie du dabei helfen kannst,
dass aus kleinen Pflänzchen
kräftige Pflanzen werden.
Mit der Zeit entsteht so
dein eigener Garten.

Was ist ein Samen?

Ein Samen ist ein kleines Korn, aus dem eine Pflanze wird - aber nur, wenn er alles bekommt, was er braucht. Wenn ein Samen auf fruchtbaren Boden fällt oder ausgesät wird, braucht er noch genug Wasser und Sonnenlicht, damit daraus eine Pflanze werden kann.

1 Dieser Samen hat Glück gehabt. Keine Maus und kein Vogel haben ihn gefressen. Wenn es warm ist, platzt er in der Erde auf und beginnt zu wachsen. Das heißt Keimung.

2 Im Samen ist Energie gespeichert. Die benutzt er, um eine Wurzel zu bilden. Die Wurzel nimmt Wasser und Nährstoffe aus der Erde auf, damit die Pflanze wachsen kann.

3 Die Pflanze wächst nach oben in Richtung des Lichts. Wenn sie durch die Erdoberfläche bricht, kann sie das Sonnenlicht nutzen, um daraus die Energie zu gewinnen, die sie zum Wachsen braucht.

4 Im Samen lagen zwei Blätter, die sich jetzt öffnen, um Sonnenlicht einzufangen. Später werden sich neue Blätter bilden, und nach ihnen Blüten und neue Samen.

Wer braucht was?

Nicht alle Samen sind gleich. Jeder braucht bestimmte Bedingungen. Hier erfährst du, was einige Pflanzen benötigen, um zu wachsen.

Sonnenblumen

Sonnenblumensamen werden an einem sonnigen Ort 2-3 cm tief in die Erde gesteckt und gegossen. Danach bedeckst du den Samen mit einem durchsichtigen Plastikgefäß, bis sich Blättchen zeigen. Dann kannst du den Behälter abnehmen.

Duftwicken

Diese Blumen brauchen nährstoffreiche Erde (siehe Seite 35). Stecke die Samen 1 cm tief in die Erde. Wenn die Pflanzen wachsen, stecke Stöcke dazu, um sie zu stützen. Mit der Zeit werden sie an diesen Stöcken in die Höhe klettern.

Dahlien

Fülle einen Topf mit feuchter Erde. Stecke eine Knolle so tief hinein, dass die Spitze gerade noch herausschaut. Bedecke den Topf mit durchsichtiger Plastikfolie, bis sich Blätter zeigen. Dann kannst du die Folie abnehmen.

Wo finde ich Samen?

Samen gibt es überall. Alle Pflanzen bilden Samen - egal, ob winziges Kraut oder riesiger Baum. Die Samen kannst du sammeln, auch von deinen eigenen Pflanzen. Dafür brauchst du dich nur in der Küche oder im Garten umzuschauen.

Draußen

Samen aus dem Garten

Wildblumen bilden am Ende des Sommers Samen. Wenn die Blütenblätter abgefallen sind, kannst du die Samen in einen Briefumschlag schütteln. Bewahre den Umschlag kühl und trocken auf. Dann kannst du die Samen im Frühjahr säen.

Wichtig!

Sammle Samen an einem trockenen, windstillen Tag. Viele Samen sind so klein, dass der Wind sie wegpusten kann, und andere faulen, wenn sie zu feucht sind.

Samen gibt es in vielen Formen und Größen.

Drinnen

Samen aus der Küche

Die Samen von Paprikaschoten kannst du einfach unter dem Wasserhahn abspülen und auf Küchenpapier trocknen. Danach pflanzt du sie in einen Topf. Bedecke die Samen nur leicht mit Erde. Den Topf stellst du dann an einen sonnigen Platz, denn Paprikapflanzen brauchen Wärme.

Wichtig!
Manche Obst- und Gemüsesorten aus dem Supermarkt sind nur zum Essen gezüchtet und bilden keine Samen. Obst und Gemüse aus dem Bioladen enthalten meist Samen, die du einpflanzen kannst.

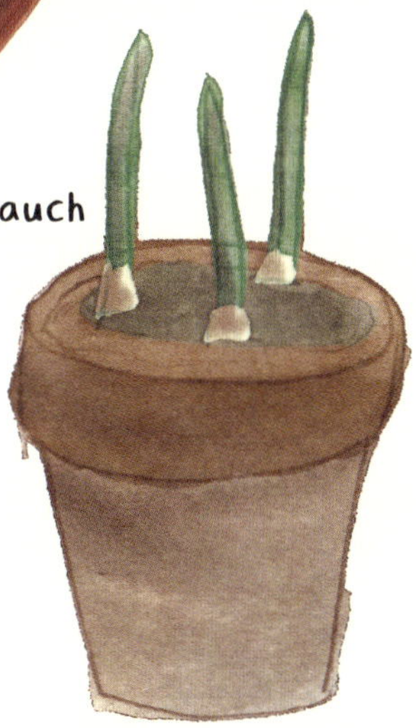

Kräuter und Gewürze

Manche Kräuter und Gewürze kannst du einpflanzen, zum Beispiel Senf, Fenchel und Bockshornklee. Lege einfach einige Körner aus dem Gewürzregal in einen Topf mit Erde. Du kannst auch Knoblauchzehen in Erde stecken. Wenn du sie regelmäßig gießt, erscheinen nach wenigen Wochen grüne Triebe.

Pflanzen aus Resten

Aus den Enden von Sellerie oder Pak Choi können neue Pflanzen wachsen. Stelle die Enden einfach mit der Schnittseite nach oben in eine Schale mit Wasser. Wechsle das Wasser alle paar Tage. Nach kurzer Zeit wachsen neue Blätter.

Tipp
Verabrede dich mit Freundinnen und Freunden, um Samen zu tauschen.

Samen aussäen

Wenn du Samen gesammelt, getauscht oder gekauft hast, können sie in der Erde verteilt werden. Dafür kannst du einfach leere Behälter von Lebensmitteln verwenden. Wasche sie nur vorher gut aus. In den Boden müssen Löcher gestochen werden, damit das Wasser ablaufen kann.

Du brauchst:

- Töpfe oder Schalen
- Anzuchterde
- Samen
- Gießkanne
- Durchsichtige Plastikdeckel
- Schilder
- Marker

Gut zu wissen

Die meisten Samen werden zwei- oder dreimal so hoch mit Erde bedeckt, wie sie selbst dick sind.

1 Fülle deinen Topf oder deine Schale bis 2 cm unter den Rand mit Anzuchterde. Streiche die Oberfläche der Erde glatt.

2 Streue deine Samen auf die Erde. Dann bedecke sie mit einer dünnen Schicht Erde.

3 Gieße deine Samen. Die Erde soll feucht sein, aber nicht so nass wie Matsch.

4 Bedecke Topf oder Schale mit durchsichtigem Plastik. Es wirkt wie ein Gewächshaus: Wärme und Feuchtigkeit bleiben drinnen.

5 Beschrifte Schilder mit dem Namen der Pflanze und stecke sie in die Töpfe – ein Erwachsener hilft dir bestimmt dabei. Ihr könnt den Namen auch direkt auf den Plastikdeckel schreiben. So vergisst du nicht, was du gesät hast. Du kannst auch dazuschreiben, wann du die Pflanze gesät hast.

6 Jetzt dauert es einige Wochen, bis die Samen unter der Erde keimen und kleine Pflanzen wachsen. Auf der nächsten Seite erfährst du, was dann zu tun ist.

Die richtige Erde

Anzuchterde kann man in Beuteln kaufen. Sie ist so locker, dass auch winzige Pflanzen leicht hindurchwachsen können. Achte darauf, dass „torffrei" auf dem Beutel steht. Torf entsteht in Mooren und hilft dabei, dass sich unser Planet nicht zu stark erwärmt. Darum sollten wir den Torf im Moor lassen und nicht ausgraben.

Was braucht eine Pflanze?

Pflanzen wollen nicht fernsehen, Eis essen oder spielen. Sie wollen nur drei Dinge: Licht, Wasser und die richtige Temperatur. Wenn du dafür sorgst, wachsen sie gut. Bekommen sie zu viel oder zu wenig Sonne oder Wasser, werden sie gelb, verlieren die Blätter oder wachsen einfach nicht.

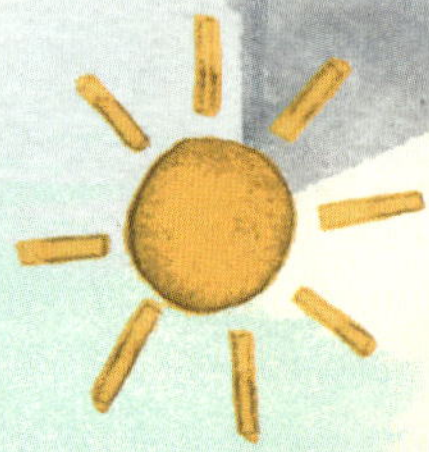

Licht

Licht ist sehr wichtig. Pflanzen brauchen es, um Energie zu gewinnen. Diesen Vorgang nennt man Fotosynthese. Wenn du eine Pflanze kaufst, steht meistens auf einem Schild, welches Licht sie braucht: direktes Sonnenlicht, Halbschatten oder Schatten.

Temperatur im Haus

Zimmerpflanzen mögen ähnliche Temperaturen wie wir Menschen. Aber an manchen Plätzen fühlen sie sich nicht wohl. Stelle sie nicht zu nahe an eine Heizung, sonst können sie austrocknen. Auch kalte Zugluft vertragen sie nicht gut. Gelbe Blätter sind ein Zeichen dafür, dass es der Pflanze zu warm ist. Wenn es zu kalt ist, bekommen viele Pflanzen braune Blätter.

Wasser

Schau einmal in der Woche nach, ob deine Pflanzen Wasser brauchen. Stecke vor dem Gießen einen Finger leicht in die Erde. Wenn sie sich weich und feucht anfühlt, brauchst du nicht zu gießen. Wenn sie sich trocken und hart oder krümelig anfühlt, gieße deine Pflanze, bis das Wasser unten aus den Löchern des Topfs herausläuft.

Temperatur im Freien

Wenn es draußen unter 0 °C kalt wird, können Pflanzen erfrieren und sterben. Darum solltest du erst säen, wenn der Winter vorüber ist und kein Frost mehr droht. Falls es nach dem Säen doch noch sehr kalte Nächte gibt, stelle deine Töpfe lieber ins Haus, bis der Winter endgültig vorbei ist.

Umtopfen und auspflanzen

Aus den Samen werden winzige Pflanzen, die man Sämlinge nennt. Sie wachsen weiter und werden bald zu groß für ihr Gefäß. Jetzt können Pflanzen für die Fensterbank in einen größeren Topf umgetopft werden. Pflanzen für den Garten werden später direkt in die Erde im Freien ausgepflanzt.

Sämlinge umtopfen

Nach etwa drei Wochen sind aus deinen Samen kleine Sämlinge geworden. Sobald sie zwei oder drei Paar Blätter haben, ist es Zeit zum Umtopfen. Wenn du mehrere Samen in einer Schale verteilt hast, setzt du jetzt jeden kleinen Sämling sehr vorsichtig in einen eigenen Topf.

Tipp

Wenn ein Sämling aus der Erde kommt, hat er zuerst zwei Keimblätter. Sie fallen nach einigen Tagen ab, um Platz für neue Blätter zu machen. Die neuen Blätter können aus Sonnenlicht Energie gewinnen.

Pflanzen umtopfen

Wenn Pflanzen größer werden, brauchen sie ab und zu einen neuen, größeren Topf.

Vor dem Umtopfen

So erkennst du, dass deine Pflanze einen größeren Topf braucht:

♥ gelbe Blätter
♥ Wurzeln wachsen im Kreis (nimm die Pflanze aus dem Topf, um nachzusehen).
♥ Wurzeln wachsen aus den Löchern im Topfboden.
♥ Eine Pflanze in einem zu kleinen Topf sieht aus, als ob sie leicht umkippt.

Du brauchst:

♥ Gießkanne
♥ Papier für die Arbeitsfläche
♥ neuen, größeren Topf
♥ Pflanzerde

1 Gieße die Pflanze am Tag vor dem Umtopfen. Der Umzug ist anstrengend für die Pflanze. Sie verkraftet ihn besser, wenn sie genug Wasser hat.

2 Geh nach draußen oder breite Papier aus, um die Erde aufzufangen, die danebengeht. Fülle eine Schicht Pflanzerde in den neuen Blumentopf.

3 Kippe den alten Topf um und klopfe die Pflanze vorsichtig heraus. Wenn die Wurzeln stark verheddert sind, zupfe sie vorsichtig auseinander.

4 Setze die Pflanze vorsichtig in den neuen Topf, fülle Erde hinein und drücke sie leicht an.

5 Gib der Pflanze etwas Wasser und stelle sie wieder an den Platz, an dem sie vorher stand.

Gärtnern ist gut für die Erde

Wir Menschen verdanken den Pflanzen sehr viel. Pflanzen stellen den Sauerstoff her, den wir zum Atmen brauchen. Sie halten unsere Umgebung kühl und feucht. Jeder Gärtner und jede Gärtnerin kann ein bisschen dazu beitragen, dass es unserer Erde gut geht.

Obst und Gemüse pflanzen

Obst und Gemüse aus dem Supermarkt wird mit großen Schiffen und Lastwagen transportiert. Sie verbrauchen viel Treibstoff und erzeugen schädliche Abgase. Das ist sehr schlecht für die Umwelt. Wenn du Obst und Gemüse selbst anpflanzt, muss es gar nicht mit Fahrzeugen transportiert werden. Das ist sehr gut für die Umwelt.

Schöne Nachbarschaft

Pflanzen machen auch die Straße hübscher, in der du wohnst. Alle, die vorbeigehen, freuen sich darüber, einen hübschen Garten zu sehen. Vielleicht bekommen dann auch die Nachbarn Lust, einen Garten anzulegen. Wenn du viele Sämlinge hast, kannst du sie verschenken, um andere mit der Gartenlust anzustecken.

Pflanzen im Haus

Mit Pflanzen kannst du dir die Natur auch ins Haus holen. Dadurch wirst du ruhiger und zufriedener. Schau einmal aus deinem Fenster. Wenn du nur eine graue Mauer oder eine Straße siehst, kannst du eine Reihe Pflanzen auf die Fensterbank stellen – und schon hast du eine schönere Aussicht.

Schutz für Tiere

Pflanzen sind auch für Tiere wichtig. Bienen finden Nahrung in den Blüten. Und zwischen den Pflanzen im Garten können sich Frösche oder Eidechsen, Insekten, Vögel und kleine Säugetiere, wie Mäuse oder Igel, verstecken. Wenn ihr nur einen gepflasterten Hof habt, kannst du fragen, ob einige Steine entfernt werden können, um einen Mini-Garten anzulegen. Es kann nur ein kleines Eckchen sein und wird vielen Menschen Freude bereiten.

Gärtnern kannst du überall

Zum Gärtnern brauchst du keinen Garten. Pflanzen können auf einer großen Wiese wachsen, aber auch in einer kleinen Schale. Denn Pflanzen brauchen nur Licht, Wasser und die richtige Temperatur. Hier liest du, wo du ein Plätzchen für einen Mini-Garten finden kannst.

Fensterbank

Auf einer Fensterbank fühlen Pflanzen sich wohl. Dort bekommen sie genug Licht. Auf einem Tisch können sie beim Malen oder Spielen im Weg stehen oder umgekippt werden.

Haustür

Neben der Haustür ist oft Platz für einige Töpfe. Wenn du in einem Mehrfamilienhaus lebst, frage die Erwachsenen, ob es erlaubt ist, dort etwas abzustellen.

Badezimmer

Pflanzen aus dem Regenwald brauchen sehr feuchte Luft. Sie fühlen sich im Badezimmer wohl, wo die Luft vom Duschen dampft. Und die meisten brauchen nicht sehr viel Licht.

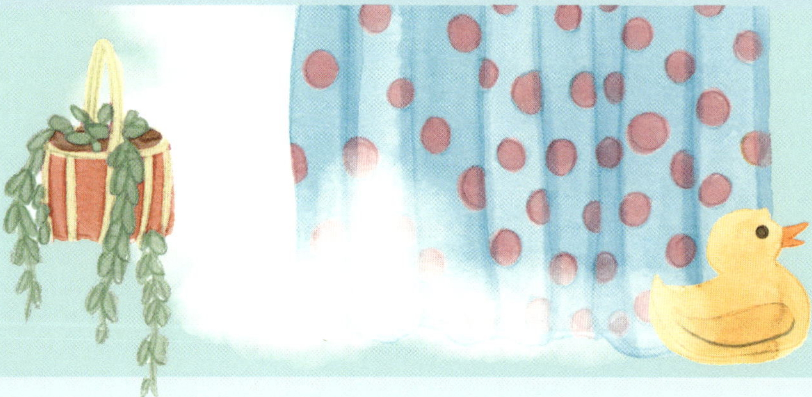

Gemeinschaftsgarten

Gibt es vielleicht in deiner Nachbarschaft einen Gemeinschaftsgarten? Höre dich um und mach mit. Zusammen zu gärtnern macht Spaß!

Lebende Wand

Sogar an einer Wand kannst du gärtnern. Kletterpflanzen wachsen von Natur aus in die Höhe und halten sich an Stützen fest, die du ihnen gibst. Ein schmales Fleckchen Erde vor einer Mauer genügt schon. Wichtig ist aber, dass die Mauer viel Sonne bekommt.

Du brauchst:

- Bambusstäbe
- Schnur
- Kletterpflanzen wie Efeu und Duftwicken (draußen) oder eine Monstera (drinnen)

Pflanzenstütze

Binde drei lange Bambusstäbe mit Schnur zu einem Dreieck zusammen. Lehne das Dreieck an die Mauer. Dann kannst du um jeden Stab vorsichtig die Blätter einer Kletterpflanze winden. Die Pflanze wird sich daran festhalten und in die Höhe wachsen.

Tipp

Wenn es nicht aufwärts geht, versuche es abwärts. Stelle eine Hängepflanze wie die Leuchterblume auf ein Regal und lass sie herabhängen. Stelle sie nicht zu hoch, damit du zum Gießen gut herankommst.

Kennst du Kürbisgewächse? Hast du schon einmal von Kreuzblütlern gehört? In diesem Kapitel lernst du Pflanzenfamilien kennen.

Was kann ich pflanzen?

In diesem Abschnitt erfährst du mehr über die verschiedenen Pflanzen. Jeder Garten ist anders. Suche darum Pflanzen aus, die sich in deinem Garten wohlfühlen. Sie machen deinen Garten zu etwas Besonderem.

Jahreszeiten

Im Garten gibt es immer etwas zu tun. In jeder Jahreszeit kannst du andere Pflanzen säen oder ernten. Je nachdem, wo du wohnst, können die Jahreszeiten früher oder später beginnen und wärmer oder kühler sein.

Frühling

Wenn in der Natur alles anfängt, grün zu werden, und die Vögel zu singen beginnen, kannst du Pflanzen aussäen. Behalte sie im Haus, solange es nachts noch frieren kann.

Sommer

Jetzt kannst du Pflanzen aus dem Haus ins Freie stellen. Säe nun Gemüse, das im Herbst und Winter geerntet wird. Vergiss an heißen Tagen nicht, deine Pflanzen zu gießen.

Natürlich gereift

In der Natur trägt jede Pflanze nur zu einer bestimmten Zeit Früchte. Dann sind sie natürlich gereift und schmecken besser als Obst und Gemüse aus dem Supermarkt, das oft in geheizten Gewächshäusern gepflanzt wird.

Säen und Pflanzen:

Zwiebeln
Spinat
Radieschen
Knoblauch
Grünkohl

Ernten:

Rote Bete
Karotten
Lauch

Augen auf:

Brombeeren

Herbst

Im Herbst verlieren die Pflanzen ihre Blüten, und die Samen werden reif. Laubbäume verlieren ihre Blätter. Hole nun alle Zimmerpflanzen ins Haus. Wintergemüse kannst du jetzt säen.

Ernten:

Grünkohl
Karotten
Sellerie

Augen auf:

Schneeglöckchen

Winter

In den kalten Monaten ruht sich die Natur aus. Die Bäume wachsen im Winter nicht, und nur wenige Blumen blühen. Sogar jetzt kannst du noch einiges ernten.

Gemüsefamilien

Gemüse kann man in Gruppen einteilen, deren Mitglieder sehr verschieden aussehen können. Von jeder Gruppe essen wir nur bestimmte Teile, zum Beispiel die Wurzeln, die Blätter, die Früchte oder die Samen.

Wurzel- und Stängelgemüse

Wir essen die Wurzeln oder die Stängel.

Kürbisgewächse

Wir essen die Früchte.

Nachtschattengewächse

Wir essen die Früchte oder die Knollen.

Tomaten

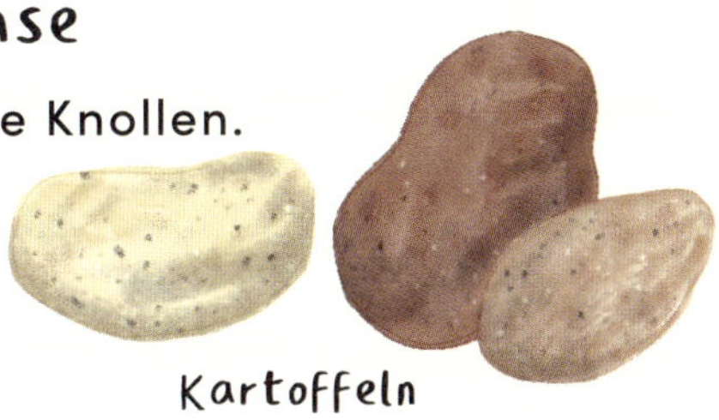

Kartoffeln

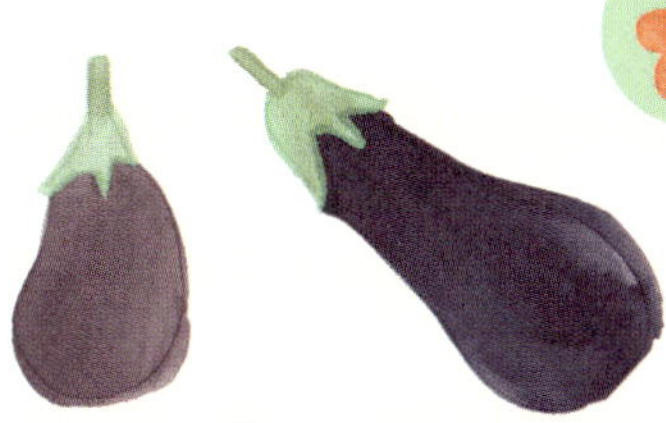

Auberginen

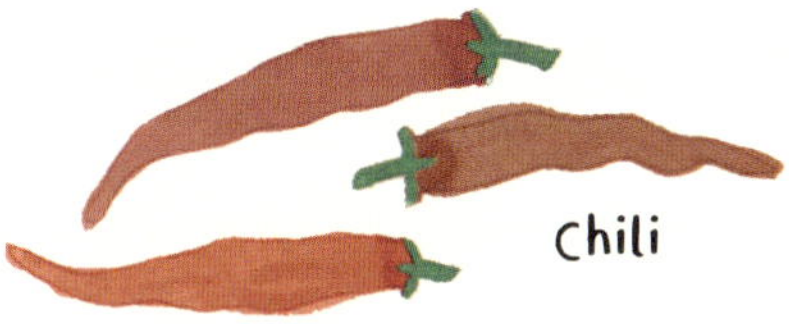

Chili

Paprika

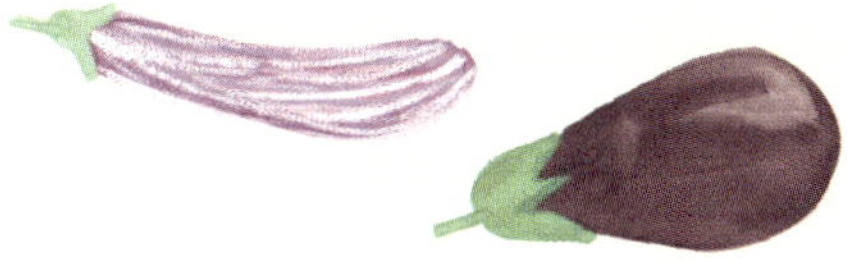

Zwiebelgewächse

Wir essen die Zwiebeln oder die Stängel.

Zwiebeln

Knoblauch

Lauch

Erbsen und Bohnen

Wir essen die Samen oder die jungen Samenhülsen.

Erbsen

Gartenbohnen

Ackerbohnen

Kohlgewächse

Wir essen die Blätter oder die Blüten.

Kohl

Brokkoli

Grünkohl

Spinat

Platz gut ausnutzen

Genau wie jeder Mensch hat auch jede Pflanze ihre eigene Persönlichkeit. Manche möchten im März gesät werden und stehen gern dicht beieinander. Andere wollen lieber im Juli gepflanzt werden und brauchen viel Platz für sich allein.

Wie viel Platz?

Manchmal bekommt man Samen als Überraschung geschenkt. Aber meist weißt du, welche Pflanze aus deinen Samen wächst. Das ist auch wichtig. Die Riesenlilie kann zum Beispiel über 2 m hoch werden, und es kann sieben Jahre dauern, bis sie blüht. Das Einblatt wird nur 50 cm hoch und blüht jedes Jahr im Frühjahr und im Herbst. Welche würdest du dir aussuchen?

Was steht auf einer Samentüte?

Um den Platz gut auszunutzen, möchtest du vielleicht möglichst viele Samen aussäen. Aber manche Pflanzen wachsen schlecht, wenn sie zu wenig Platz haben. Alles Wichtige über eine Pflanze erfährst du auf der Samentüte – wenn du die Abkürzungen und Symbole verstehst.

Name: Karotte (Regenbogen-Mischung)

Beschreibung: leckere, knackige Karotten in verschiedenen Farben. Sonniger Standort. Ernte etwa 12 Wochen nach der Aussaat.

Einjährig / Zweijährig / Mehrjährig

Einjährige Pflanzen wachsen, blühen und sterben innerhalb eines Jahres. Zweijährige leben zwei Jahre lang. Mehrjährige können viele Jahre lang leben.

Säen · Auspflanzen · Ernten

Jan Feb Mrz Apr Mai Jun Jul Aug Sep Okt Nov Dez

Saattiefe: 1 cm

Mische die kleinen Samen mit Sand, bevor du sie aussäst.

Bei größeren Samen halte den angegebenen Abstand ein. Nimm zum Messen ein Lineal oder einen Zollstock.

Keimdauer: 5–7 Tage

Vereinzeln: mit 5 cm Höhe auf Abstände von 3-5 cm ausdünnen

Wenn die Sämlinge zu eng stehen, müssen einige aus der Erde gezupft werden. Das nennt man Vereinzeln.

Leckeres von der Fensterbank

Sogar in der Wohnung kannst du Pflanzen zum Essen säen. Auf der Fensterbank ist es wärmer als draußen. Die Pflanzen sind vor Wind und Regen gut geschützt, und drinnen kannst du sie bequemer versorgen als draußen.

Du brauchst:

- Küchenpapier
- Tablett
- Sprühflasche
- Spielfiguren
- Kressesamen

1 Lege zwei Blätter Küchenpapier auf das Tablett. Sprühe sie mit Wasser ein, bis sie schön feucht sind.

2 Jetzt kannst du aus deinen Spielfiguren etwas bauen, vielleicht eine Stadt?

3 Streue die Kressesamen gleichmäßig um die Spielfiguren herum auf das feuchte Küchenpapier.

4 Decke alles mit einem weiteren Blatt Küchenpapier zu. Nach zwei Tagen fängt die Kresse an zu wachsen. Nimm dann das Küchenpapier wieder ab.

5 Sprühe die Kresse jeden zweiten Tag mit Wasser ein, wenn sie trocken aussieht. Bald hast du einen Kressegarten. Die Blättchen kannst du abschneiden und sie im Salat oder auf Butterbrot essen.

Ernte aus dem Kübel

Viele Pflanzen wachsen gut in kleinen Töpfen. Manche werden aber größer und brauchen dann Kübel, die nicht auf die Fensterbank passen. Das Gute an solchen Kübeln ist, dass du sie schnell ins Haus holen kannst, wenn es draußen zu kalt für die Pflanzen wird.

Töpfe und Kübel

Fast alles eignet sich als Blumentopf: Blechdosen, Körbe, Teekessel und sogar alte Stiefel. Wichtig ist nur, dass du in den Boden Löcher bohrst, damit das Wasser ablaufen kann. Lass dir dabei ruhig von einem Erwachsenen helfen.

Erdbeeren im Topf

Süße Erdbeeren wachsen gut in Töpfen. Sie brauchen guten Boden, Dünger und viel Wasser, damit sie schöne Früchte bekommen.

Du brauchst:

- Topf oder Kübel
- Pflanzerde
- junge Erdbeerpflanze
- Dünger

1 Fülle deinen Topf mit Erde. Erdbeerpflanzen brauchen frische Erde direkt aus dem Beutel.

2 Grabe ein Loch in die Erde und setze die Pflanze hinein. Die Wurzeln müssen gut mit Erde bedeckt sein.

3 Fülle alle Lücken um die Pflanze herum mit Erde auf. Drücke die Pflanze vorsichtig an.

4 Ab jetzt musst du deine Erdbeerpflanze jeden Tag gießen.

5 Wenn die Pflanze blüht, braucht sie einmal in der Woche Dünger. Das ist wichtig, damit die Früchte gut reifen.

6 Bald wirst du die ersten Erdbeeren sehen. Sie sind reif, wenn sie leuchtend rot sind.

Alles über Erde

Ein Fleckchen Erde wartet nur darauf, dass mit Sonne, Wasser, Samen und etwas Liebe ein Garten daraus wird. Erde ist aber nicht überall gleich. Manchmal ist sie fruchtbar, und die Pflanzen wachsen gut darin. Manchmal ist sie ausgelaugt und enthält zu wenige Nährstoffe für Pflanzen.

Leben im Boden

Ein Viertel aller Lebewesen ist in der Erde zu finden, zum Beispiel Würmer. In der Erde leben auch viele Mikroorganismen. Diese winzigen Lebewesen sind so klein, dass du sie mit bloßem Auge nicht sehen kannst. Doch ohne diese kleinen Helfer könnten Pflanzen gar nicht wachsen.

Woraus besteht der Boden?

Winzige Steinchen

Wasser

Humus

Diese Überreste von toten Tieren und Pflanzen enthalten viele Nährstoffe.

Luft

Vergleichen

Nimm im Garten eine Handvoll Erde aus einem Beet und auch eine Handvoll Blumenerde aus einem Sack. Lege beide nebeneinander und schaue sie dir genau an. Du kannst auch daran riechen. Welche Unterschiede entdeckst du?

Welche Farbe hat die Erde?
Sind Steinchen darin?
Entdeckst du Würmer?
Siehst du Insekten?
Ist sie nass oder trocken?
Ist sie krümelig oder klumpig?

Was ist Kompost?

Kompost entsteht aus verrotteten Pflanzenresten. Er enthält viele Nährstoffe und saugt sich gut mit Wasser voll. Im Beet verbessert er den Boden. In einer Komposttonne kannst du aus Obst- und Gemüseabfällen selbst Kompost machen.

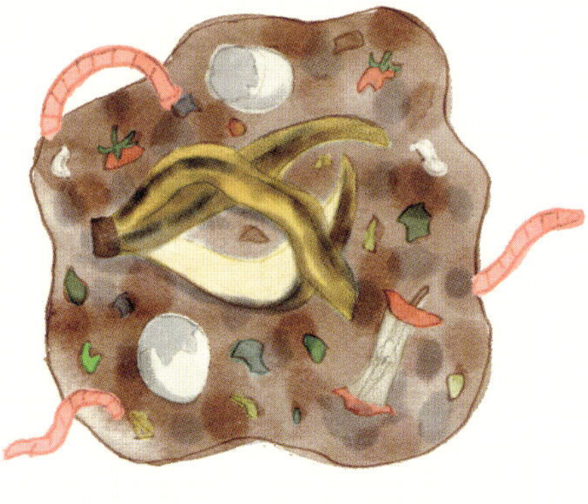

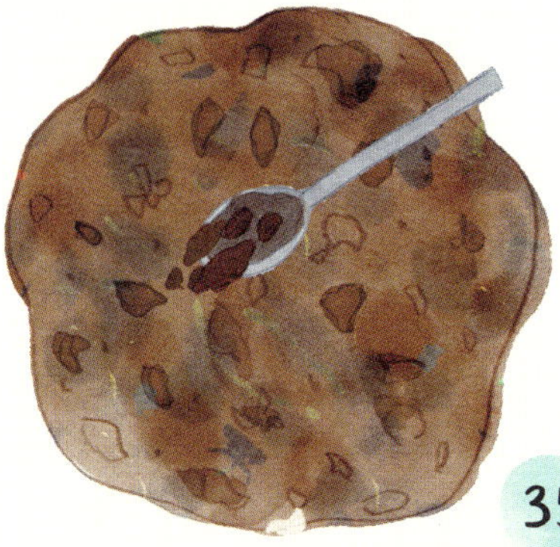

Mein Gemüsegarten

Manche Bäuerinnen und Bauern pflanzen auf großen Feldern Obst oder Gemüse an. Das kannst du auch im Garten tun, denn du hast ja gelernt, wie man sät und sich um junge Pflanzen kümmert. Du kannst also deinen eigenen Gemüsegarten anlegen. Wie es geht, wird hier erklärt.

Du brauchst:

- Samen oder junge Pflanzen
- Gießkanne
- Schalen, Töpfe oder Beete
- Pflanzerde
- Schnur
- Blumengabel oder Forke
- Marker und Schilder

1 Suche zuerst deine Pflanzen aus. Wenn du wenig Platz hast, nimm kleine Pflanzen wie Kresse oder Kräuter. Hast du mehr Platz, kannst du Karotten, Erbsen oder Bohnen säen. Auch Sonnenblumen sehen toll aus und locken Bienen an.

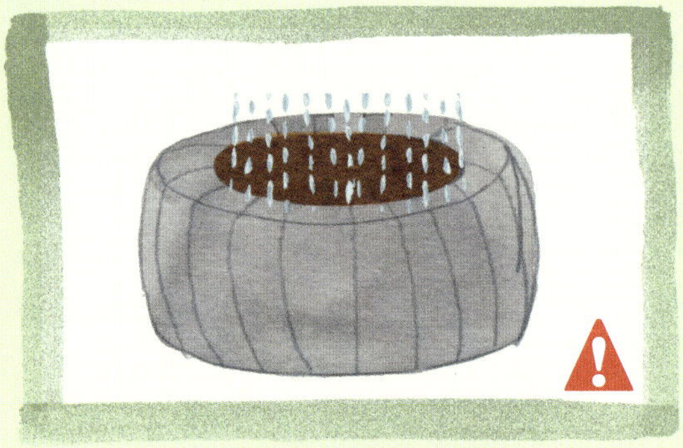

2 Gieße den Boden deines Beets und stich mit einer Forke oder Blumengabel viele Löcher hinein. Dadurch wird der Boden locker genug zum Säen. Töpfe und Kübel füllst du mit einer Schicht Pflanzerde. Auch sie muss gegossen werden.

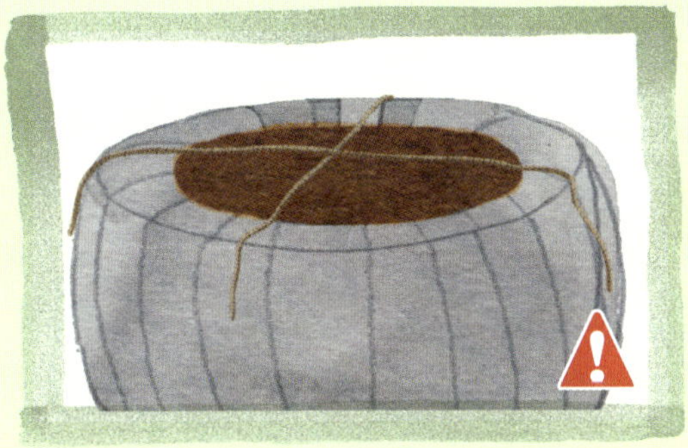

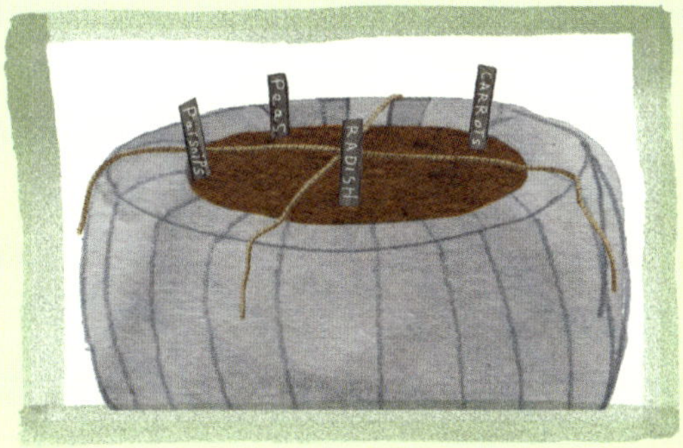

3 Mit der Schnur teilst du die Fläche für die verschiedenen Pflanzen ein. Ziehe mit der Forke oder Blumengabel Rillen für die Samen.

4 Schreibe die Namen deiner Pflanzen auf die Schilder. Wenn genug Platz ist, schreibe dazu, wie oft sie gegossen werden müssen.

5 Jetzt kannst du die verschiedenen Samen in die einzelnen Abteile säen. Puh, das war ein anstrengender Arbeitstag. Zeit für einen Schluck Wasser – für dich und deine Pflanzen.

6 Kümmere dich gut um deine Pflanzen, damit sie kräftig wachsen. Jede Sorte braucht unterschiedlich viel Wasser, und manchen musst du auch Dünger geben.

7 Die Erntezeit ist die schönste Zeit. Ob leckeres Gemüse oder leuchtende Sonnenblumen: Gib Freunden und Freundinnen und deiner Familie etwas von deiner Ernte ab!

Nützliche Blüten

Bunte Blüten locken Insekten an. Die Insekten verteilen den Blütenstaub auf andere Pflanzen, und nur dadurch können sich Früchte bilden. Wenn du also den Insekten Nahrung anbietest, sorgen sie dafür, dass dein Obst und Gemüse gut wächst. Andere Pflanzen vertreiben Schädlinge, die von deinem Gemüse fressen wollen.

Bienenmagnet

Borretsch lockt jede Menge Bienen an, weil er seine Blüten alle zwei Minuten mit neuem Nektar füllt. Er kann sogar den Geschmack von Erdbeeren, die in der Nähe wachsen, verbessern.

Weiße Fliegen sind kleine Insekten, die Tomatenpflanzen krank machen können. Ringelblumen vertreiben diese Schädlinge.

Essbare Blüten

Ringelblumen und Tagetes sehen nicht nur hübsch aus. Ihre Blütenblätter kann man sogar essen! Frage aber immer einen Erwachsenen, bevor du etwas aus dem Garten isst.

Feind der Blattläuse

Fenchel bekommt sehr hohe Stiele mit gelben Blüten. Diese Blüten locken Schwebfliegen an. Sie fressen gern Blattläuse, die deine Pflanzen krank machen können.

Beschützer

Kapuzinerkresse und einige andere Pflanzen werden als „Opferpflanzen“ gesät. Schädlinge stürzen sich auf sie und lassen dann andere Pflanzen in Ruhe. Wenn du Kapuzinerkresse um das Gemüse herum säst, beschützt du deine Gemüsepflanzen.

Tipp

Nicht alle Pflanzen überstehen die kalten Temperaturen im Winter. Wähle deshalb auch winterharte Pflanzen aus. Manche blühen sogar im Winter. So finden nützliche Insekten immer ausreichend Nahrung.

Gute Nachbarn

Wusstest du, dass auch Pflanzen sich gegenseitig helfen? Wenn bestimmte Pflanzen nebeneinander wachsen, locken sie nützliche Insekten an, vertreiben Schädlinge oder verbessern den Boden. Gerade wegen ihrer Unterschiede sind diese Pflanzen ein gutes Team.

Zuerst wird Mais gesät, danach Bohnen, die an ihm in die Höhe klettern. Kürbisse halten den Boden feucht.

Drei Schwestern

In Amerika pflanzen Bäuerinnen und Bauern schon seit langer Zeit Mais, Bohnen und Kürbisse zusammen. Sie nennen sie „drei Schwestern", weil sie sich gegenseitig unterstützen.

Mais hat hohe Stiele, an denen die Bohnen klettern können. Bohnen verbessern den Boden, und Kürbisse werfen mit ihren großen Blättern Schatten auf den Boden. Dadurch wächst weniger Unkraut und die Erde trocknet nicht so schnell aus.

Du stinkst mir!

Manche Schädlinge mögen den Geruch von Knoblauch und Zwiebeln überhaupt nicht. Auch um Kräuter wie Rosmarin oder Thymian machen sie einen großen Bogen. Minze vertreibt zwar Schädlinge, breitet sich aber sehr schnell im ganzen Beet aus. Darum setzt du sie am besten in einen eigenen Kübel.

Schnittlauch

Minze

Tomaten und Basilikum

Miteinander

Basilikum wird oft neben Tomaten gepflanzt. Sein starker Geruch vertreibt Blattläuse. Das Gewürzkraut soll sogar den Geschmack der Tomaten verbessern. Und natürlich braucht man Basilikum und Tomaten für eine leckere Nudelsoße.

Erfahrene Gärtnerinnen und Gärtner sagen: Was gut zusammen schmeckt, kann man auch zusammen pflanzen.

Schnell und langsam

Schnell und langsam wachsende Gemüsearten kannst du zusammen säen, um den Platz gut zu nutzen. Pastinaken bilden lange Wurzeln und wachsen sehr langsam. Radieschen oder Salat haben nur flache Wurzeln und wachsen schnell. Säe sie zwischen die Pastinaken, denn du wirst sie ernten, bevor die Pastinaken den Platz brauchen.

Pastinake

Radieschen

Krumm und schief

Gemüse im Supermarkt sieht oft perfekt aus. In der Natur haben Obst und Gemüse viele verschiedene Farben und ungleichmäßige Formen. Krummes und schiefes Gemüse schmeckt aber genauso gut.

Nirgends zu kaufen

Von vielen Obst- und Gemüsearten gibt es ganz unterschiedliche Sorten. Die meisten davon kann man im Supermarkt nicht kaufen.

Alte Gemüsesorten

In manchen Gärten wachsen Sorten, die Bauern nicht gern säen, weil sie langsam wachsen oder nur kleine Früchte tragen. Solche Sorten gibt es oft schon lange, und die Samen wurden über Generationen von Gärtnerin zu Gärtner weitergegeben. Es ist wichtig, solche Sorten zu pflanzen, damit sie nicht aussterben.

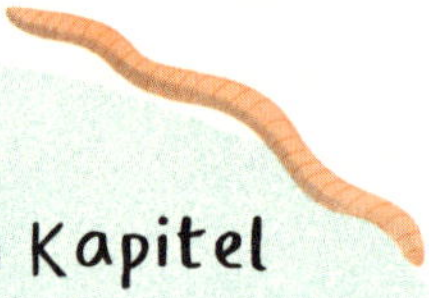

In diesem Kapitel liest du, wie du nützliche Insekten in den Garten locken kannst, und wir machen einen Natur-Spaziergang.

Lausch einmal: Welche Tiere kannst du hören?

Ein Garten für Tiere

In einem Garten gibt es neben Pflanzen auch jede Menge Tiere: Insekten, Vögel und auch andere Tiere werden dich besuchen, wenn du weißt, wie du sie in deinen Garten einladen kannst.

Nahrungsketten

Jedes Lebewesen in der Natur braucht Nahrung. Pflanzen brauchen nur Sonne, Wasser und Luft – und manchmal etwas Hilfe von uns. Es gibt aber viele Tiere, die Pflanzen fressen müssen, um zu überleben. Und diese Pflanzenfresser sind die Nahrung von Fleischfressern. Jedes Lebewesen auf der Erde ist Teil einer Nahrungskette.

1 Pflanzen erzeugen die Energie, die sie zum Leben brauchen, mit Sonnenlicht, Wasser und dem Gas Kohlendioxid. Sie stellen ihre Nahrung selbst her und müssen kein anderes Lebewesen fressen.

2 Pflanzen dienen Pflanzenfressern als Nahrung. Zu den Pflanzenfressern gehören Säugetiere wie Kaninchen, Insekten wie Blattläuse und Vögel, die Beeren und Samen picken.

Nahrungsnetz

Jedes Lebewesen kann auch zu mehreren Nahrungsketten gehören. Mehrere Nahrungsketten bilden gemeinsam ein Nahrungsnetz, zum Beispiel im Garten. Alle Lebewesen brauchen sich in irgendeiner Weise gegenseitig. Darum muss man sie alle schützen, sonst kann ihr Nahrungsnetz Lücken bekommen und mit der Zeit ganz zerstört werden.

3 Fleischfresser sind Tiere wie Füchse, Eulen oder Marienkäfer, die Beute jagen und andere Tiere fressen. Manche Tiere sind Allesfresser: Sie fressen Fleisch und Pflanzen.

4 Alle Pflanzen und Tiere sterben irgendwann. Dann ernähren sich Pilze und Käfer von ihnen.

Leben rund ums Jahr

Pflanzen blühen nur zu einer bestimmten Zeit, und auch Tiere leben je nach Jahreszeit unterschiedlich. Halte Augen und Ohren offen, wenn du all die Lebewesen beobachtest, die durch die Welt laufen, flattern oder summen.

Frühling

Hören:

Die Vögel singen laut, um einen Partner anzulocken. Ihre Küken ziehen die Vogeleltern gemeinsam auf.

Sehen:

Zugvögel kommen jedes Jahr aus ihrem Winterquartier zurück.

Schwalben

Tun:

Frösche legen Eier, die man Laich nennt. Daraus wachsen Kaulquappen. Wenn du ihnen helfen willst, pflanze Wasserpflanzen in den Gartenteich.

Sommer

Hören:

Jetzt summt es in der Luft. Bienen und andere Insekten fliegen von Blüte zu Blüte.

Libellen

Sehen:

Junge Tiere werden geboren oder schlüpfen aus den Eiern. Schau dich an einem Teich nach flauschigen Entenküken um.

Tun:

Stelle Wannen oder Schalen mit frischem Wasser in den Garten, damit Tiere an heißen Tagen trinken oder baden können.

Herbst

Hören:

Herabgefallene Blätter rascheln, wenn Menschen oder Tiere darüberlaufen. Vielleicht hörst du abends Vögel oder andere Tiere vor deinem Fenster rascheln?

Sehen:

Spinnen bauen im Herbst mehr Netze. Bei feuchtem Wetter kannst du sie zwischen den Sträuchern glitzern sehen.

Tun:

Pflanze jetzt Blumenzwiebeln. Tulpen blühen im Frühling, Schneeglöckchen schon am Ende des Winters. Der Nektar der Blüten ist wichtig für Insekten, die um diese Zeit nicht viel Nahrung finden.

Winter

Hören:

Im Winter ist es stiller. Viele Tiere halten Winterschlaf, wie zum Beispiel der Igel.

Sehen:

Blumen, die im Winter blühen, tragen oft sehr kleine Blüten. Du musst genau hinschauen, um sie zu entdecken.

Tun:

Bäume ruhen im Winter und wachsen nicht. Darum pflanzt man sie im Winter, damit sie genug Zeit haben, um sich auf das neue Wachstum im Frühling vorzubereiten.

Beste Freunde der Blüten

Pflanzen brauchen Tiere, die ihren Blütenstaub oder Pollen von Blüte zu Blüte tragen. Nur dann können sie Früchte und Samen bilden. Fast alle Pflanzen sind auf die Hilfe solcher Bestäuber angewiesen. Nur wenige haben Pollen, den der Wind verteilen kann.

Bestäuber

So wird Pollen verteilt

1 Blüten bilden süßen Nektar, den Insekten gern trinken. Eine Biene oder ein Schmetterling landet auf der Blüte und nimmt einen kräftigen Schluck.

2 Beim Trinken bleibt etwas Pollen am Körper des Insekts hängen.

3 Die Biene fliegt zur nächsten Blüte, um auch dort zu trinken. Dabei fällt etwas von dem gesammelten Pollen wieder herab.

4 Der Pollen verbindet sich mit einer Eizelle in der Blüte. Sie schwillt an und wird zum Samen. Der Samen fällt herunter oder wird vom Wind weggetragen. Wenn er auf dem Boden landet, wächst aus ihm eine neue Pflanze.

Auf Obstwiesen stehen oft Bienenstöcke zwischen den Bäumen, damit die Bienen die Blüten bestäuben.

Hilfe für Insekten

Nützliche Insekten haben es schwer, Nektar zu finden. In Städten, aber auch auf dem Land ist es wichtig, Bienen, Wespen, Fliegen, Schmetterlingen und Fledermäusen Nahrung bieten. In Gärten und Parks und an Feld- und Waldrändern können Pflanzen wachsen, die Insekten Nahrung und sicheren Unterschlupf geben.

Reichlich Futter

Für nützliche Insekten sind bunte Blumen besonders wichtig. Am besten ist ein sonniger, aber windgeschützter Platz. Wähle Pflanzen, die in deiner Gegend zu Hause sind und die zur Jahreszeit passen.

Frühjahr und Sommer

Schmuckkörbchen und andere Blumen mit weit offenen Blüten sind am besten für Insekten. Du kannst sie im Frühjahr direkt in den Garten säen.

Herbst und Winter

Pflanze Winterheide, Krokusse und Winterlinge. Sie versorgen die Insekten in der kalten Jahreszeit mit Nektar.

Späte Besucher

Nachtfalter fliegen bei Dunkelheit. Sie brauchen Pflanzen, deren Blüten sich erst am Abend öffnen, zum Beispiel Jasmin oder Nachtkerze.

Ein Zuhause für Insekten

Mit einem Insektenhotel tust du viel für die nützlichen Insekten, die Pollen von Blüte zu Blüte tragen. Sammle Mauersteine mit Löchern, dünne Zweige oder dickere Holzstücke und schichte sie ordentlich in einer ruhigen Gartenecke auf. Sie sollte sonnig und windgeschützt sein, denn Insekten mögen es warm. Käfer fressen totes Holz, und in Bündel aus hohlen Zweigen oder Halmen ziehen gern Wildbienen ein.

Mini-Teich für Insekten

Insekten brauchen nicht nur Nektar, sondern auch frisches Wasser zum Trinken. Stelle eine flache Schale mit Wasser in den Garten. Lege Kiesel hinein, auf denen sie landen können.

Leben am Teich

Wasser lockt viele verschiedene kleine Tiere in den Garten – nicht nur Insekten und Libellen, sondern auch Frösche und Kröten. Setze Pflanzen hinein, die auch in der Natur an Teichen wachsen, damit die Tiere Schatten und Unterschlupf finden.

Das Krause Laichkraut erzeugt Sauerstoff und gibt ihn an das Wasser ab.

Teich in der Tonne

Für einen Teich musst du kein Loch graben. Ein wasserdichtes Gefäß reicht, zum Beispiel ein Eimer. Verteile auf dem Boden eine Schicht Teicherde aus dem Gartenmarkt. Fülle dann Regenwasser oder abgestandenes Leitungswasser hinein. Am Wasser sollte immer ein Erwachsener in der Nähe sein.

Seerosen werfen Schatten auf das Wasser. Dadurch bleibt es kühl und es wachsen weniger Algen. Algen können sich sehr schnell ausbreiten und das ganze Teichwasser grün färben.

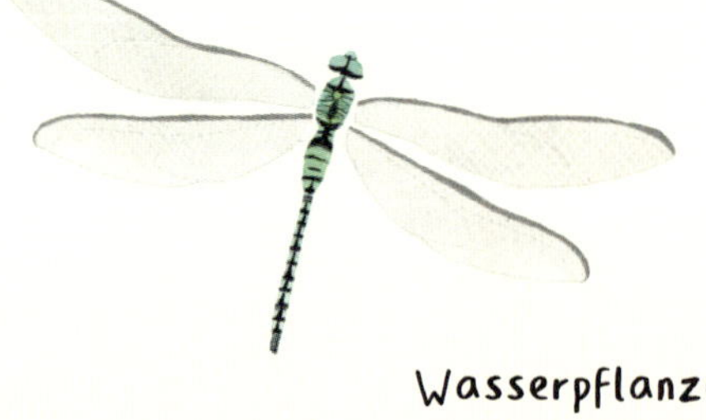

Wasserpflanzen wachsen am besten im tieferen Wasser in der Mitte eines Teichs.

Durstlöscher

Die Nektarsuche ist anstrengend. Stelle für durstige Insekten eine Untertasse mit Wasser auf. Lege kleine Steinchen hinein, auf denen die Insekten beim Trinken sitzen können.

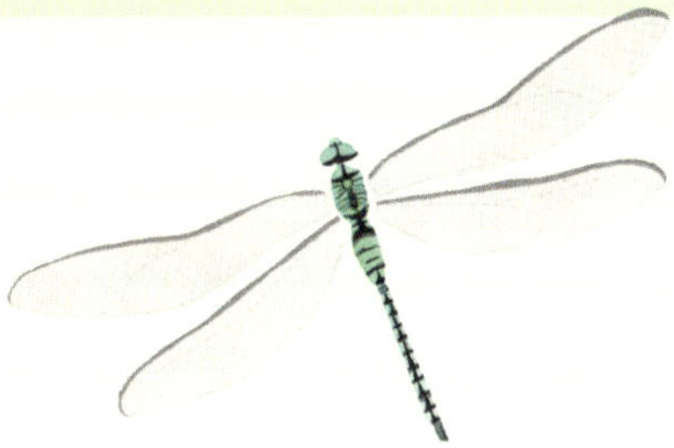

Manche Pflanzen wachsen am Teichufer mit den Wurzeln im Wasser oder im feuchten Schlamm. Ihre Blätter und Blüten sind über dem Wasser.

Staple am Teichrand Ziegel oder Steine auf, damit kleine Tiere sicher zum Wasser hoch- und wieder runterklettern können.

Was fehlt meiner Pflanze?

Auch Pflanzen werden manchmal krank oder fühlen sich an ihrem Platz nicht wohl. Wenn eine Pflanze stirbt, kann es daran liegen, dass mit ihrer Umgebung etwas nicht stimmt. Hier liest du, woran du erkennen kannst, warum es einer Pflanze nicht gut geht.

Braune, trockene Blätter

Wenn deine Pflanze trockene, braune Blätter bekommt, die beim Anfassen zerbröseln, prüfe den Boden. Wahrscheinlich ist er trocken. Wenn du die Pflanze gießt, wird es ihr bald wieder gut gehen.

Braune Blattränder

Braune Blattränder können bedeuten, dass die Pflanze zu wenig Licht bekommt. Sind nur die Blätter braun, die vom Licht abgewandt sind? Stelle die Pflanze an einen helleren Platz, damit sie mehr Licht bekommt.

Gelbe Blätter

Wenn die Blätter deiner Pflanze gelb und weich werden, gießt du wahrscheinlich zu viel. Dann können die Wurzeln faulen. Fühle die Erde. Wenn sie sehr nass ist, setze die Pflanze in frische Erde, damit sie sich erholen kann.

Wenn die ganze Pflanze gelb wird, stimmt die Temperatur nicht. Stelle sie an einen wärmeren oder kühleren Platz und beobachte, ob sie wieder grün wird.

Schädlinge im Garten

Manchmal sehen Pflanzen krank aus, weil Tiere an ihnen fressen. Insekten, Schnecken und Pilze können Pflanzen schwach und krank machen, darum nennen wir sie „Schädlinge". Sie müssen vertrieben werden, damit die Pflanzen überleben.

Übergieße gehackten Knoblauch mit kochendem Wasser. Lass ihn abkühlen und besprühe die Pflanzen mit dem Sud.

Streue zerbröselte Eierschalen um die Pflanze, um Schnecken fernzuhalten.

Stelle Minze in die Nähe. Sie vertreibt viele Schädlinge.

Setze Pflanzen nebeneinander, die dieselben Vorlieben haben. Das nennt man Mischkultur.

Schädlinge an Zimmerpflanzen

Spinnmilben können Zimmerpflanzen krank machen. Wenn du winzige Tiere oder feine Spinnweben siehst, stelle die Pflanze in die Dusche und spüle sie mit Wasser ab. Wische den Platz, an dem die Pflanze steht, mit Seifenwasser ab.

Natur-Spaziergang

Wenn du ins Freie gehst, kannst du immer Pflanzen und Tiere beobachten. Auf einem Natur-Spaziergang entdeckst du vielleicht ganz in der Nähe Überraschungen, die du noch nie gesehen hast. Auf längeren Spaziergängen sollte immer ein Erwachsener dabei sein.

Das kannst du mitnehmen:

- Notizbuch mit hartem Einband
- Farbstifte
- Lupe

Vor dem Start

Schlage in deinem Notizbuch eine leere Seite auf. Schreibe das Datum oben auf die Seite oder bitte einen Erwachsenen darum. Auf dem Spaziergang kannst du dann alles in dein Notizbuch hineinmalen, was dir auffällt, zum Beispiel ein besonders geformtes Blatt oder einen lustig aussehenden Käfer.

Zeichne das Erste, was du siehst.

Auf dem Gehweg

Achte auf den Boden. Sogar in Ritzen im Pflaster kann sich viel verstecken. Schau genau hin, ob du kleine Pflanzen oder Insekten entdecken kannst, die dort leben.

Bäume am Weg

Schau dir unterwegs die Bäume und Sträucher an. Haben sie Blätter? Sind die Bäume auch im Winter grün oder werfen sie ihre Blätter ab? Tragen sie Früchte? Sitzen Vögel in den Zweigen?

Zeichne ein abgefallenes Blatt nach.

Augen zu, Ohren auf!

Schließe einen Moment die Augen. Was hörst du? Den Wind? Insekten, Regentropfen oder Vogelgezwitscher? Lausche eine Weile und schreibe dann alle Geräusche auf, an die du dich erinnern kannst.

Naturtagebuch

In dein Notizbuch kannst du alles schreiben oder malen, was du an einem bestimmten Ort in der Natur beobachtest. Geh bei deinem nächsten Spaziergang zum selben Ort und vergleiche. Ist etwas anders und warum?

Tipp

Stelle dir für jeden Spaziergang eine Aufgabe. Suche rote Dinge, Vögel, Nester von Tieren oder Spinnennetze.

Lies in diesem Kapitel, wie du das Gemüse aus deinem Garten einlegen oder Blüten pressen kannst.

Mehr Ideen rund ums Gärtnern

Macht dir das Gärtnern Spaß? Wenn du magst, kannst du auch andere mit deiner Freude anstecken. Wie das geht, erfährst du auf den nächsten Seiten.

Gemüse einlegen

Wenn du selbst Gemüse geerntet hast, kannst du daraus etwas Leckeres machen. Denk daran: Krummes und schiefes Gemüse schmeckt genauso gut wie perfektes Gemüse aus dem Laden. Und man kann es wunderbar einlegen. Das ist gar nicht schwierig.

Vorbereitung: 20 Minuten
plus 48 Stunden Wartezeit

Du brauchst:

- 450 g gemischtes Gemüse (Karotten, grüne Bohnen, Zucchini, Blumenkohl)
- 200 ml Wasser
- 1 TL Salz
- 1 EL Essig
- 200 ml Apfelessig
- 1 großes Schraubglas mit Deckel (etwa 1 Liter)

Bevor es losgeht

Bitte einen Erwachsenen, dir beim Schälen und Schneiden von hartem Gemüse zu helfen.

1 Lege das Gemüse bereit. Du kannst selbst aussuchen, welches du nimmst. Jede Sorte Gemüse schmeckt gut, wenn man sie einlegt.

2 Süßkartoffeln, Karotten und anderes Gemüse muss sorgfältig geschält werden. Dabei kann dir ein Erwachsener helfen.

3 Schneide das Gemüse in kleine Stückchen. Wenn du Blumenkohl oder Brokkoli verwendest, schneidest du ihn in kleine Röschen.

4 Löse Salz und Zucker in kochendem Wasser auf. Gieße dann den Essig dazu. Lass dir dabei von einem Erwachsenen helfen.

5 Fülle das Gemüse in das Glas. Gieße die Wasser-Essig-Mischung dazu, aber nur bis 2–3 cm unter dem Rand. Lass alles abkühlen.

6 Stelle das Glas 48 Stunden in den Kühlschrank. Danach kannst du es öffnen und das Gemüse probieren.

Tipp

Das eingelegte Gemüse schmeckt noch besser, wenn du 1 TL Pfefferkörner oder Senfkörner oder etwas getrocknete Chili (nicht anfassen!) mit ins Glas gibst.

Du kannst das Gemüse auf einem Butterbrot essen.
Es schmeckt auch sehr gut zu cremigem Kartoffelsalat.

Blüten pressen

Gepresste Blüten sind ein schönes Andenken an fröhliche Frühlingstage, sonnige Sommerferien oder einen Spaziergang im Herbst. Sie behalten ihre Farbe und manchmal sogar ihren Duft. Und sie erinnern dich an deine Abenteuer in der Natur.

Du brauchst:

- Blüten
- ein paar Bögen Papier
- ein dickes, schweres Buch

Bevor du anfängst

Feuchte Blüten faulen beim Pressen. Darum ist es wichtig, dass du deine Blüten an einem trockenen Tag sammelst. Dünne Blütenblätter lassen sich besser pressen als dicke. Versuche es mit Stiefmütterchen oder Mohn.

1 Schlage das Buch in der Mitte auf. Lege ein Blatt Papier in das geöffnete Buch.

2 Lege jetzt die Blüten nebeneinander auf das Papier. Lege einige seitlich, damit du verschiedene Formen bekommst.

3 Lege noch ein Blatt Papier auf deine Blüten. Schlage das Buch zu und drücke es fest zusammen.

4 Jetzt muss das Buch ungestört zwei Wochen an einem warmen Platz liegen, damit die Blüten trocknen können.

5 Nach zwei Wochen kannst du das Buch aufschlagen und deine gepressten Blüten bewundern. Sei sehr behutsam, wenn du sie herausnimmst.

6 Die Blüten kannst du in dein Naturtagebuch einkleben. Wenn du sie auf Tonkarton klebst, kannst du daraus Grußkarten oder Lesezeichen basteln.

Buntere Städte

Wenn deine Pflanzen zu Hause gut wachsen und du Samen übrig hast, kannst du deine Nachbarschaft ein bisschen bunter machen. In vielen Städten und Dörfern gibt es Stellen, um die sich niemand kümmert. Sieh dich zusammen mit einem Erwachsenen nach solchen Stellen um, die etwas grüner und bunter werden könnten.

Ungeliebte Flecken

Achte unterwegs auf ein Stück freie Erde. Der Platz kann so aussehen, als ob sich niemand um ihn kümmert. Es könnte eine Lücke im Pflaster sein, eine Stelle um einen Baumstamm oder eine ungepflegte Ecke.

Los geht's

Packe Samen und eine Flasche Wasser ein. Mach dich mit einem Erwachsenen auf den Weg, um eine gute Stelle zu finden. Gieße den Boden, damit er schön weich wird. Verteile dann deine Samen.

Im Auge behalten

Gieße deine Samen einmal in der Woche mit Wasser aus einer Flasche. Wenn die Stelle an deinem Schulweg liegt, kannst du jeden Tag beobachten, ob aus den Samen Blumen werden.

Tipp

Perfekte Plätze liegen manchmal abseits vom Weg. Dann musst du deine Samen werfen und das Beste hoffen. Vielleicht werden die Pflanzen nicht ganz perfekt, aber sie lassen den Platz bestimmt freundlicher aussehen.

Der Natur helfen

Manchmal ist es möglich, Teile der Natur wieder so werden zu lassen, wie sie waren, bevor die Menschen kamen. In solchen Gebieten können viele verschiedene Tiere leben. Das klappt aber nicht, wenn man die Flächen einfach sich selbst überlässt. Ein bisschen müssen wir Menschen der Natur helfen.

1 Lege in deiner Nähe eine Wildblumenwiese an. Bitte einen Erwachsenen, Wildblumensamen zu besorgen. Es müssen Blumen sein, die in deiner Gegend natürlich wachsen. Verteile die Samen auf einem Spaziergang. Hässliche Flächen hinter Drahtzäunen sehen viel hübscher aus, wenn dort Wildblumen wachsen.

2

Unternimm einmal einen Ausflug in ein Naturschutzgebiet oder Vogelschutzgebiet. Vielleicht gibt es eins ganz in deiner Nähe? Wer solche Gebiete unterstützt, tut viel für die Natur.

3

Mach bei einer Baumpflanzaktion mit. Bäume nehmen Kohlendioxid auf, das zur Erderwärmung beiträgt. Und sie bieten Vögeln und Insekten ein Zuhause. Ein Baum ist wie eine Wohngemeinschaft für viele Tiere und Pflanzen.

Samenbomben

Samenbomben kannst du leicht selbst machen und an Stellen werfen, die du sonst nicht erreichen würdest. Du kannst sie immer in einer Papiertüte mitnehmen, falls du eine Stelle entdeckst, an der Blumen fehlen. Frage immer einen Erwachsenen, bevor du Samenbomben wirfst, und ziele nie auf eine andere Person.

Du brauchst:

- Samen
- Schüssel
- Pflanzerde
- lehmige Erde oder Ton (am besten Pulver, es lässt sich leicht verarbeiten)
- Wasser
- Backblech

Tipp

Kornblumen, Schmuckkörbchen und Mohn haben Blüten in leuchtenden Farben. Sie lassen graue Flecken viel freundlicher aussehen. Für schattige Plätze eignen sich Waldblumen wie Mädesüß, Schlüsselblumen oder Wiesenmargeriten.

1 Schütte deine Samen in eine Schüssel. Du brauchst eine Tüte gekaufter oder eine Handvoll selbst gesammelter Samen. Gib fünf gehäufte Esslöffel Erde dazu.

2 Mische alles mit drei Handvoll Ton. Wenn du festen Ton hast, zupfe ihn erst in kleine Stücke. Der Ton ist wichtig, damit die Kugeln zusammenhalten.

3 Knete alles kräftig durch. Mische etwas Wasser darunter, bis die Masse klebrig und fest wie Keksteig ist.

4 Rolle aus der Mischung Kugeln von 5 cm Größe. Lege sie auf ein Backblech und lasse sie über Nacht trocknen.

5 Jetzt sind die Samenbomben fertig. Wo sollen die Blumen wachsen? Im Park oder auf einer Wiese? Wenn du nicht sicher bist, probiere sie zuerst im eigenen Garten aus und schau, was passiert.

Hilfe – kein Regen!

Pflanzen passen sich an ihren Lebensraum an. Aber in vielen Ländern wird es immer wärmer und trockener. Wenn es längere Zeit nicht regnet, spricht man von einer Dürre. Hier lernst du Pflanzen kennen, die mit sehr wenig Wasser auskommen.

Kein Wasser verschwenden

Wasser ist kostbar. Wir sollten in Haus und Garten nur so viel verbrauchen wie notwendig ist. Fange Regenwasser zum Gießen auf und wähle Pflanzen, die wenig Wasser brauchen.

Tipp

Mulch wird aus Rinde oder Holzschnitzeln hergestellt. Wenn man ihn auf den Beeten verteilt, trocknet der Boden nicht so schnell aus.

Tricks gegen Trockenheit

Wasser verwandelt sich bei Wärme in Dampf und entweicht aus den Blättern der Pflanzen. Das nennt man Verdunstung. Aber manche Pflanzen kennen Tricks, um weniger Wasser zu verlieren.

Kleine Härchen auf der Blattoberfläche verhindern, dass zu viel Wasser verloren geht.

Helle Blätter werfen das Sonnenlicht zurück. Pflanzen, die wenig Wasser brauchen, haben oft silbergraue Blätter.

Schmale Nadeln verlieren weniger Wasser als große, breite Blätter.

Wir brauchen nicht viel Wasser!

Umweltfreundlich gärtnern

Beim Gärtnern gibt es viele Möglichkeiten, Müll zu vermeiden und gebrauchte Dinge wieder zu benutzen. Dadurch kannst du viel für die Umwelt tun.

Verpackungen recyceln

Eierkartons und gebrauchte Kaffeefilter kannst du gut zum Aussäen nutzen. Halbierte leere Pappröhren von Küchenpapier sind prima „Töpfe“ für junge Pflanzen. Mit Kaffeefiltern musst du etwas tricksen, um sie in Pflanztöpfe für Samen zu verwandeln. Filtertüten und Pappe kannst du später einfach ins Beet pflanzen. Sie lösen sich mit der Zeit von allein auf.

Wohnungstausch

Kennst du den Einsiedlerkrebs? Wenn er aus seinem Panzer herauswächst, kriecht er einfach in ein Schneckenhaus und lebt darin. Später zieht er in ein größeres Schneckenhaus um, und ein anderer Krebs kann sein altes Haus benutzen. So ähnlich ist es beim Umtopfen. Wenn du eine Pflanze in einen größeren Topf setzt, kann eine andere Pflanze in den frei gewordenen Topf „einziehen“.

Wasser auffangen

Selbst in Gegenden, in denen es oft regnet, gibt es trockene Zeiten. Sammle lieber Regenwasser, statt den Wasserhahn aufzudrehen. Leitungswasser kostet Geld und bekommt Pflanzen oft nicht gut. Pflanzen mögen lieber Regenwasser.

Stelle eine große Tonne auf, um Wasser für deine Pflanzen zu sammeln. Am besten stellst du sie unter das Rohr, das von der Dachrinne nach unten führt. Du kannst auch übrig gebliebenes Wasser aus Trinkflaschen oder Wasser vom Gemüsewaschen benutzen.

Tipp

Lass Wasser nicht zu lange in der Gießkanne stehen, sonst fängt es an zu stinken. Benutze es bald, um deine Pflanzen zu gießen.

Begriffe

Alte Sorten
Pflanzensorten, deren Samen über viele Generationen weitergegeben wurden.

Anpassung
Wie Lebewesen ihr Aussehen oder Verhalten verändern, um besser in ihre Umgebung zu passen.

Bestäuber
Ein Tier, das Pollen von einer Blüte zur anderen trägt.

Bestäubung
Wenn Insekten (z. B. Bienen) den Pollen von einer Blüte zur anderen tragen. Ohne Bestäubung können Pflanzen keine Samen bilden.

Bio-
Obst oder Gemüse, das ohne schädliche Gifte angebaut wurde.

Blattlaus
Ein Schädling, der Saft aus Pflanzen saugt.

Einheimisch
Arten, die schon immer in einer Gegend leben. Das Gegenteil sind Pflanzen, die von woanders eingeführt wurden.

Einjährige
Pflanzen, die in nur einem Jahr wachsen, blühen, Früchte und Samen bilden und sterben.

Einlegen
Obst oder Gemüse in Essig legen, damit es sich länger hält.

Ernte
Die Zeit, in der die reifen Früchte von Pflanzen gepflückt werden.

Fotosynthese
Der Vorgang, durch den Pflanzen und Algen mithilfe von Sonnenlicht ihre Nahrung selbst herstellen.

Frucht
Der gereifte Teil einer Blüte, der einen oder mehrere Samen enthält.

Fruchtbar
Ein Boden mit vielen Nährstoffen, in dem Pflanzen gut wachsen.

Gemeinschaftsgarten
Ein großer Garten, meist in einer Stadt, in dem Menschen gemeinsam gärtnern.

Insekt
Ein Lebewesen mit einem Körper aus drei Teilen und einem Panzer.

Keimung
Wenn aus einem Samen eine Pflanze zu wachsen anfängt.

Klimawandel
Veränderungen der Temperatur auf der ganzen Erde, aus natürlichen Gründen oder von Menschen verursacht.

Kletterpflanze
Eine Pflanze, die an Stützen in die Höhe wächst.

Knolle
Verdickung an einem unterirdischen Pflanzenteil, z. B. eine Kartoffel.

Kompost
Verrottete Pflanzenreste, die man auf Beete gibt, um den Boden zu verbessern.

Lebensraum
Die natürliche Umgebung eines Tiers oder einer Pflanze.

Mehrjährige
Pflanzen, die drei oder mehr Jahre leben.

Mikroorganismus
Ein winziges Lebewesen, das man nur durch ein Mikroskop sehen kann. Bakterien, Schimmelpilze und Viren sind Mikroorganismen.

Mischkultur
Wenn man Pflanzen, die ähnliche Bedürfnisse haben, zusammenpflanzt.

Nachhaltig
Schonend für die Umwelt, indem man dafür sorgt, dass Dinge möglichst lange benutzt werden können.

Nachtaktiv
Tiere, die nur nachts auf Nahrungssuche gehen.

Nährstoffe
Stoffe aus dem Boden, die Pflanzen zum Wachsen brauchen.

Naturschutz
Gesetzlicher Schutz von Pflanzen und Tieren und ihren Lebensräumen.

Nektar
Eine süße Flüssigkeit, die von Blüten gebildet wird.

Pilze
Eine Gruppe von Lebewesen, die sich von toten Pflanzen und Tieren ernährt. Dazu gehören essbare Pilze, aber auch Schimmelpilze.

Pollen
Blütenstaub. Sehr kleine Körnchen, die Pflanzen benutzen, um sich zu vermehren.

Renaturieren
Ein Stück Land oder Wasser wieder in seinen natürlichen Zustand bringen.

Samen
Ein Körnchen, in dem alles Notwendige steckt, damit eine neue Pflanze wachsen kann.

Sämling
Eine junge Pflanze, die gerade aus einem Samen gewachsen ist.

Sauerstoff
Ein farbloses Gas, das Menschen und Tiere atmen müssen, um leben zu können.

Schädling
Insekten und andere Tiere, die Schaden an Pflanzen anrichten.

Torf
Ein nährstoffreicher Boden, der in Mooren aus toten Pflanzen entsteht.

Umwelt
Alles um dich herum: Parks und Wälder, Straßen und Plätze. Meist ist aber die Natur mit Pflanzen und Tieren gemeint.

Wasserpflanzen
Pflanzen, die im Wasser oder am nassen Ufer leben.

Zimmerpflanze
Eine Pflanze, die im Haus wächst.

Register

n

op

r

s

tu

v

w

Über die Illustratorin

Livi hat in Cornwall (Großbritannien) Illustration studiert und ist dann wieder in ihre Heimatstadt in Hertfordshire gezogen. Ideen findet sie auf Reisen, in der Natur und beim Essen. Wenn sie nicht zeichnet, geht sie gern in der Natur spazieren, werkelt in ihrem Gemüsegarten oder kocht. 2019 kam sie zu einem Schrebergarten und hat dort ihre Liebe zum Gärtnern entdeckt. In der Corona-Zeit war der Garten ein sicherer Ort, für den Livi sehr dankbar war. Inzwischen ist Livi in ein Haus mit Garten umgezogen und legt Gemüsebeete an. Sie ist überzeugt davon, dass Gartenarbeit jedem Menschen guttut.

Dank

DK dankt für die Mitarbeit an diesem Buch: Anne Damerell für die rechtliche Beratung, Sipi Hämeenaho für die Mitwirkung im Lektorat, Caryn Jenner für das Korrektorat und Helen Peters für das Register.

Noch mehr Bücher für Naturfreunde

ISBN 978-3-8310-4135-0

ISBN 978-3-8310-4532-7

ISBN 978-3-8310-4544-0

ISBN 978-3-8310-4545-7

ISBN 978-3-8310-4400-9

ISBN 978-3-8310-4038-4